Gott existiert nicht

Denkst Du,
Du kannst mich verstehen?

Von Ritch Maily

Impressum:
©2008, Ritch Maily
Mail to: ritch@ritchmaily.ch
Herstellung und Verlag: Books on Demand
GmbH, Norderstedt
ISBN: 9783837025194

Inhalt:

Vorwort

1. Umgang mit den Tieren

2. Umgang mit Menschen

3. Umgang zwischen Männern und Frauen

4. Hoffnung

5. Glaube

6. Verzweiflung

Vorwort:

Als erstes möchte ich mich bei denjenigen Lesern entschuldigen, die sich im "Du" vom Untertitel falsch behandelt sehen, es ist nicht meine Art, anstandslos zu sein. Aber bitte verstehen Sie, dass es im Titel einfach besser klingt.

Mein Stil zu schreiben mag etwas ungewöhnlich sein, aber ich denke, es darf erlaubt sein, so zu schreiben, wie man denkt, es muss ja nicht immer so geschrieben werden, wie man es gerne lesen würde. Es muss doch auch erlaubt sein, ohne immer darauf achten zu müssen, ob man Wörter mehrmals hintereinander braucht, ohne darauf achten zu müssen, ob es irgendwem da draussen zu offen ist. Ich heuchle nicht so gerne.

Naja, ich höre auch ab und zu, dass es Leute gibt, die das Vorwort eines Buches gar nicht lesen, in diesem Falle hat es sich auch gleich wieder erledigt.

Es mag auch unüblich sein, ein Buch zu schreiben, welches lediglich über sechs Kapitel verfügt. Ganz ehrlich, ich habe keine Ahnung, wie dies ankommt, natürlich hoffe ich auf viele Leser, die auch verstehen, was ich meine und was ich mit diesem Buch erreichen will.

Der Titel, Gott existiert nicht, ist sicher eine Provokation, es soll aber auch einen Denkprozess auslösen. Ich sehe halt einfach einige Dinge anders und meine auch, dass es nicht der falsche Weg ist, dies so zu sehen. Mir ist es wichtig, Ungerechtigkeiten aufzuzeigen. Gerechtigkeit existiert nicht, oder um es optimistisch zu schreiben, Gerechtigkeit gibt es viel zu wenig. Es ist ein Widerspruch meinen Sie? Die prägen doch unser Leben, die Widersprüche, aber mein Weg ist der Richtige, ob mit oder Ohne Widerspruch.

Ich bitte Sie, meine Worte zu verstehen, ich bin weder arrogant noch hochnäsig, ich möchte lediglich den vom Menschen gelebten Umgang mit anderen Menschen und vor allem den Tieren verbessern. Ich sehe einfach oft die Dinge anders als Andere. (Hab ich glaube ich schon mal erwähnt, ist das jetzt so eine Wiederholungstat?) Macht mich das zu einem besseren Menschen? Sicher nicht, aber vielleicht zu einem Anderen. Man kann oft wissen, was richtig und was falsch ist, ohne aber immer das Richtige zu tun. Man kann auch etwas Falsches tun, im Wissen, dass es falsch ist. Aber ich bin der Überzeugung, dass es nicht falsch sein kann, an Andere zu denken und Tiere viel mehr zu schützen. Wie unsere Kinder zum Beispiel (oder wie die meisten Eltern ihre Kinder beschützen).

Übrigens ist es mir auch noch wichtig zu erwähnen, dass ich absolut kein Schreib-Profi bin und vielleicht hat es auch ein paar Schreibfehler oder etwas komische Aussagen. Sicherlich wird es Kritik geben, denn die Menschen sehen ja immer sehr gerne Fehler bei den Anderen. Denken Sie nicht über allfällige Fehler in der Grammatik oder andere Dinge, die nicht gut sind, nach. Denken Sie über den Inhalt nach. Es geht um die Bedeutung, um das, was ich zu vermitteln versuche.

Ich möchte auch noch anmerken, dass wenn ich von männlichen Ausdrücken schreibe, wie zum Beispiel von Rauchern, Kandidaten, usw. selbstverständlich auch die weiblichen Leser anspreche. Ich habe ihnen sogar ein eigenes Kapitel gewidmet (Umgang zwischen Männern und Frauen).

Als ich dieses Buch angefangen habe zu schreiben, bin ich auf viele interessante Details gestossen. Zum Beispiel auf die Art, wie man ein Buch zu schreiben hat. Stellen Sie sich mal vor, es gibt einen Ratgeber, welcher sagt, wo das Impressum zu stehen hat, wo die Seitenzahlen stehen sollen, wann man die Seitenzahl sehen soll. Ich staune, für was es alles Hilfe gibt, aber Sie werden erkennen, dass nicht wirklich bei allem immer so schön und nett geholfen wird wie hier.

Ich wünsche mir, dass viele Menschen dieses Buch lesen und dann daran denken, dass es vielleicht mehr Hilfe für Andere braucht, als wir alle denken.

Zum Schluss von meinem Vorwort möchte ich auch um Verständnis bitten, dass ich nicht so viele Seiten zum Lesen habe. Ich bringe es gerne auf den Punkt und mag nicht lange um den heissen Brei sprechen. Deshalb ist auch der Preis dieses Buches nicht so hoch.

Und für alle, die meinen, man kann Geld verdienen mit Büchern schreiben sei gesagt, wenn nicht eine sechsstellige Zahl an Büchern verkauft wird, ist es nicht wirklich rentabel, mir ist lieber, sie lesen das Buch als es zu kaufen, obwohl mir das natürlich auch helfen würde, wenn Sie ein Buch kaufen und es auch weiterempfehlen.

Aufrichtig

Ihr Ritch Maily

1   Umgang mit den Tieren

Der Titel des ersten Kapitels sagt schon sehr vieles aus. Leider aber machen wir uns alle viel zu wenig Gedanken darüber. Bitte nehmen Sie sich etwas Zeit, um über das Geschriebene nachzudenken (Ich werde mich garantiert des Öfteren wiederholen, ich werde mich sicherlich auch ab und an mal komisch ausdrücken, verwenden Sie es bitte nicht gleich gegen mich, irgendwie denke ich, dass es nicht falsch sein kann, so zu denken, wie ich halt denke, Danke).

Wir Menschen behandeln Tiere wie Dreck, ohne Respekt und ohne daran zu denken, was man da eigentlich macht. Es gibt da tausende Beispiele, **aber es kümmert irgendwie niemanden. Leider.**

Tierschutzorganisationen gibt es, das ist auch gut so. Aber viele, sehr viele Menschen machen sich darüber keine Gedanken, es wird Pelz gekauft, es werden Wale gejagt, Jäger erlegen jährlich hunderttausende

Tiere, Tierversuche gibt es auch immer noch. Fischen ist ein Sport, Schlachtung normal und Tiermord an der Tagesordnung. Ziehen Sie sich das mal genüsslich rein und sagen mir, was daran in Ordnung ist.

Es ist doch wirklich unglaublich, wie viele Tiere ermordet werden. Es geht dabei um Lebewesen, lebende Seelen. Gott erschuf doch die Welt, mitsamt allen Kreaturen. **Da macht der Mensch eine Titelstory in den Zeitungen aus Kindermorden, aber schreibt kein Wort über die Ermordung von Tieren, die grausame Abschlach- tung überall. Wo liegt der Unterschied zwischen Mensch und Tier?**

Warum meinen alle, dass der Mensch so viel mehr wert ist als ein Tier? Wer gibt uns das Recht, mehr Wert zu sein? Eigentlich waren die Tiere ja vor uns auf dieser Welt, aber wir nehmen uns einfach das Recht, stärker zu sein und die Tiere auszurotten. Man stelle sich vor, ein Tier geht in das Haus eines Jägers, schlachtet dessen Kinder ab und verjagt den Jäger aus seinem Haus, das wäre doch grausam, ist aber genau das, was wir Menschen mit den Tieren tun. Ich nenne einfach mal ein paar bekannte Beispiele aus den Leben, Beispiele, die wir immer wieder sehen und wir alle finden es nicht gut, was passiert, finden es grausam, aber warum passiert es dann trotzdem? Wieder und wieder und immer wieder?

Die Robbenschlachtungen in Kanada, voll das Gemetzel. **Das Eis verfärbt sich rot**, weil die Tiere qualvoll getötet werden. Man schlägt mit Holzknüppeln auf ihren Kopf, bis sie irgendwann mal tot sind. Glauben Sie mir, nicht alle Tiere sterben sofort. Und das passiert jedes Jahr in Kanada. Jetzt stellen Sie sich das vor, man macht das mit Kindern irgendwo in Afrika oder Indien. Vielleicht ist das sogar schon mal passiert, denn Menschen sind so grausam. Aber bitte, nehmen Sie sich die Zeit und denken darüber nach, wenn Sie das nächste mal nach Kanada gehen wollen, ob Sie das unterstützen wollen. Kanada mag ein schönes Land sein, aber die Duldung solcher Massnahmen sind einfach nicht richtig. Man könnte die Tiere auch würdig töten. Obwohl auch das mehr als verwerflich wäre. Sind es doch Tiere Gottes, aber ich hab bis heute kein Beweis gefunden, dass Gott etwas dagegen hat. Dass Gott sich von diesem hinterlistigen Gemetzel distanziert. Sie etwa? Bitte melden Sie sich, würde gerne mit Ihnen darüber diskutieren. **Rotes Eis vom Blut der Robben, alles rot, kein weiss mehr.**

Die Touristenjagd in Afrika (Menschen bezahlen dafür viel Geld, ein Tier zu töten). Stellen Sie sich doch das mal vor bitte. Menschen gehen in den Urlaub, bezahlen viel Geld dafür, damit Sie mal diesen Kick erleben, ein Tier zu jagen. Man sagt, der Mensch sei Jäger und Sammler. Aber ich bitte Sie, ich denke nicht, dass dies so gemeint ist. Es ist hinterhältig und verachtend, aber leider Tatsache. Es wird viel Geld in die Hand genommen, um zum Beispiel einen Elefanten oder Tiger oder Löwen, oder einen Geparden oder ein Nilpferd zu töten, mit einer Waffe natürlich, damit das Tier auch nicht den Hauch einer Chance hat. Es muss ja so ein wahnsinns- gefühl sein, auf diese Weise zu gewinnen. Warum mit dem Geld nicht den Menschen helfen, die nichts zu Essen und zu Trinken haben? Bringt ja keinen persönlichen Erfolg. **Ich wünsche mir, glauben Sie mir, ich wünsche mir, dass Menschen endlich anfangen zu helfen, statt zu töten.**

Es gibt den Beruf als Jäger. Was macht eigentlich ein Jäger? Er tötet Tiere, hält die Tierpopulation unter Kontrolle. Fragen Sie sich mal, warum man die Population unter Kontrolle halten muss. Vielleicht fehlen die natürlichen Feinde. Die könnten doch fehlen, weil der Lebensraum nicht mehr da ist. Warum ist der Lebensraum nicht mehr gegeben? Damit wir Menschen in schönen Häusern leben können mit viel Platz um uns herum. Somit töten wir Tiere, weil Sie wegen uns Menschen keinen Platz mehr haben. Also nehmen wir diesen armen Geschöpfen die Lebensgrundlage. Das gibt uns ein Recht auf Mord. Ich finde das irgendwie komisch. **Die Jagd nach Walen in den Weltmeeren wird öffentlich kritisiert, was auch gut ist. Aber über viele andere Tiermorden wird kein Wort verloren.**

Es gibt Themen, die in der Öffentlichkeit bekannt sind, aber was ist mit der qualvollen Haltung der Tiere in vielen Betrieben der Landwirtschaf? Was ist mit den Betrieben, die Tierversuche machen? **Was ist mit all den Menschen, die Hunde und Katzen als Haustiere haben, aber diese misshandeln?** Vor allem Hunde werden oft gequält, weil sie halt vielleicht nicht immer grad das machen, was das Herrchen oder Frauchen will. Hunde sind sehr treu, man bricht ihnen das Herz, wenn sie geschlagen werden. Mir bricht es auch das Herz, wenn ich an Situationen gerate, in welchen Tiere misshandelt werden. Es ist leider alltäglich, kommt viel öfters vor als man denkt. Aber jetzt stellen Sie sich vor, wie es wäre, wenn man unsere Kinder so behandeln würde, genau, auch das tun wir ja bereits. Nein, nicht alle machen das, aber mehr als man denkt. Im abgeschlossenen Kämmerchen passiert eben viel.

Menschen behandeln Tiere ohne Respekt, aber was macht unser Gott dagegen? Warum lässt er dies zu? Es sind ja seine Geschöpfe? Aber in den heiligen Büchern steht ja, dass man Opfer bringen muss. Somit sind Tiere weniger wertvoll. Das kann nicht sein, **niemand gibt uns das Recht, mehr wert zu sein.**

Ich habe Köche gesehen, die einen Hummer ins heisse Wasser schmeissen (zum Kochen) und dabei lachen, selbstverständlich im Wissen, dass der Hummer noch lebt. Verinnerlichen Sie bitte dieses Geschehnis kurz. Der Hummer lebt, der Koch lacht, nicht, weil er es lustig findet, nein**, er macht sich keine Gedanken darüber**. Es ist unglaublich, aber es ist Tatsache. Habe ich so im Fernsehen gesehen. Lachend den Hummer ins Wasser geworfen, ohne Gedanken darüber, wie es diesem armen Tier geht. Glauben Sie mir, der Hummer macht Geräusche, der spürt das voll und ganz.

Fischer fangen Fische, ohne Hunger zu haben. Einfach zu Spass. Naja, ist ja nur ein Fisch. Stellen Sie sich vor, jemand steckt euch nen Haken in den Oberkiefer und zieht dann bisschen daran. Naja, sind ja nur doofe Fische. Den Haien werden die Flossen bei lebendigem Leib abgeschnitten, gibt ja leckere Suppe. Aber die Tiere leben weiter, können zwar nicht mehr schwimmen, aber es interessiert doch niemanden, ist ja nur ein Fisch. Man muss sich das vorstellen, das Tier lebt weiter, grausame Schmerzen, aber der kann sich ja nicht selber umbringen, wie soll er denn das machen? Der Hai lebt weiter und muss qualvoll sterben, das geht Tage. Stellen Sie sich vor, man hackt ihnen den Arm ab und lässt sie liegen, man lässt sie einfach liegen und verbluten. Tagelang leben Sie weiter. Machen Sie sich wirklich mal Gedanken darüber, es gibt ja so Menschen, die Haifischflossensuppe essen, stellen Sie sich vor, wie sich der Hai fühlt, wie Sie sich fühlen würden. Ruhen Sie in dem Gedanken, nicht bloss für diese Sekunde, sondern mal etwas länger. Der Hai bleibt für Tage in diesem Zustand, er kann leider nicht sagen "jetzt habe ich genug darüber nachgedacht" und geht seinen Dingen nach. Es ist scheusslich, was wir aus unserer Welt machen.

Warum finden wir, dass wir das Recht haben, Tiere für weniger wichtig anzusehen?

Ist es die Intelligenz? Ich habe mal gelesen, dass es Hunde gibt, die einen Intelligenzquotienten von 60 haben, soviel wie ein zweijähriges Kind.

Warum ist es denn schlimmer, ein Kind zu töten als ein Hund?

Wir Menschen nehmen uns das Recht, Tiere zu töten, Lebewesen zu killen, grausam und schrecklich, aber wir dürfen keine Menschen foltern. Wo ist der Unterschied? Warum machen wir einen Unterschied. Wer hat uns das Recht gegeben, dies zu entscheiden? Ich glaube, dass ein Huhn, welches in einer Batterie lebt und nur Eier legen soll, lieber für ein paar Stunden gefoltert werden will als so ein Leben zu führen.

Wir wissen doch alle, wie schrecklich es ist, einen geliebten Menschen zu verlieren, warum tun wir denn das den Tieren an? Ach, die haben ja vielleicht gar kein Bewusstsein, so wie wir. Oder keine Gefühle, so wie wir. Denken Sie mal darüber nach. Tiere haben kein Ich-Bewusstsein, sagt man, ausser vielleicht die Delfine. Aber viele Tiere sorgen sich um den Nachwuchs und ausserdem stellt sich für mich nicht die Frage, wie Tiere fühlen, sie tun es und damit ist die Sache eigentlich ja grad erledigt. Was meinen Sie dazu? Falsch? Richtig? (Ich werde Sie noch oft fragen, was Sie davon halten, ich würde mich auch auf ein Feedback freuen.)

Es gibt Tiere, die merken, dass ein Erdbeben naht, Vögel spüren das Magnetfeld, ich hab von einer Katze in England gelesen, die in einem Altersheim gelebt hat und immer zu den Menschen ging, die kurz darauf gestorben sind. Diese Katze hat das gemerkt, gesehen. Viele Tiere können Dinge, die wir nicht können, **aber da wir es nicht verstehen, merken wir es ja gar nicht.** Wer weiss, was einige Tierarten so können, was die alles sehen. Die können mehr als wir. Wir haben das Wissen nicht, haben uns das nicht angeeignet. Aber glauben Sie mir, da gibt es mehr, als wir uns vorstellen können. Versuchen Sie mal ohne die Sprache zu denken, wird aber schwierig wenn nicht gar unmöglich. Das wird aber selbstverständlich nicht anerkannt. Wir sind ja die Intelligenzbestien. Tiere können ja nicht mal reden. Aber wir können reden. Ich bitte einfach alle, die das lesen, darauf zu achten, besser mit der Tierwelt umzugehen. Keine Eier aus Batteriehaltung, kein Fisch, kein Pelz, kein Walfleisch, keine Haifischflossensuppe. Eigentlich das Übliche, aber dennoch erwähnenswert.

Tiere haben das Recht auf Leben so wie wir. Ich gehe sogar noch weiter, Tiere haben mehr Rechte zu Leben wie wir, denn sie waren vor uns da. Es kann nicht sein, dass in Deutschland ein Braunbär getötet wird, weil er sich einem Dorf nähert, in der Schweiz ist dies auch grad aktuell. Es würde grad kürzlich ein Bär namens JJ3 getötet, weil dieser sich unbefugt, ohne Erlaubnis im Wald herumgetrieben hat. Ich frage Sie, **wohin soll denn der Bär**? Wir nehmen ihm den Lebensraum. Dass er hungrig wird ist, so meine ich, halbwegs normal. Ja, was soll er denn machen? Es ist uns egal, ein Leben ist uns egal. Wenn es um ein Menschenleben geht, sieht die Sache grad anders aus.

Ich habe im Radio eine Diskussion diesbezüglich mitgehört. Es wurde da gesagt, es ist besser, das der Bär jetzt getötet wurde, besser, als wie wenn JJ3 vorher ein Kind tötet. Es ist ja wohl klar, was hier den Vorrang hat. Ich frage Sie hiermit: Womit nehmen wir uns das Recht, zu entscheiden, welches Leben wertvoll ist und welches minderwertig ist? Auf diese Erklärung bin ich gespannt. Nicht auf die Betrachtungsweise, die ist ja mehr als geregelt, es geht mir um eine für mich verständliche Erklärung, haben Sie diese?

Wir kennen alle das Wort „Nutztier", jetzt nehmen wir doch das zusammen mal genauer unter die Lupe. Nutztiere sind vierbeinige Tiere, die, wenn sie nur zwei Beine hätten, Sklaven wären. Wir benutzen diese Tiere für unseren Vorteil, dass heisst, wir müssen den Acker nicht selber bearbeiten, wir müssen vieles selber nicht mehr tun, da es ja die Tiere für uns übernehmen. Das Vieh ist eh nichts wert und haben doch keine Gefühle. Es hat ja noch nie jemand beobachtet, wie sich Pferde freuen, wie sich Kühe auf der Weide austoben, wir alle kennen ja so was nicht, denn Tiere können nicht empfinden. Das ist natürlich sarkastisch gemeint.

Pferde werden für Rennen missbraucht, vielleicht sogar geschlagen, damit sie bessere Leistungen erbringen. Was hat das mit Tierliebe zu tun. Meinen Sie wirklich, dass dies für Pferde schön ist?

Ich habe Videos gesehen, in welchen Elefanten geschlagen werden, damit sie irgendeine Arbeit erledigen. Auch habe ich Aufnahmen gesehen, wo sich die Elefanten rächen, meistens geht das leider nicht gut aus, da die grossen Dickhäuter danach erschossen werden oder noch mehr geschlagen werden. **Es ist so traurig, dass wir nicht in der Lage sind, uns gegenüber Tieren so zu verhalten, wie sie es verdienen.**

Es ist doch allen klar, dass es unmöglich ist, jedes tierische Leben zu verschonen, es geht nicht, ohne mal eine Ameise zu töten, oder eine Mücke. Aber wenn der Lottojackpot bei 9 Millionen steht, sind wir doch auch froh, wenn wir davon 5 Millionen bekommen, es ist besser als nichts. Was meine ich damit. Es ist doch unbestritten besser, auf viele Tiere zu achten, als auf gar keine. Möchte ich, dass alle aufhören, Fleisch zu essen? Ja, denn Tiere zu töten, nur weil wir Bock auf Fleisch haben, wäre nicht nötig. Passieren wird es nicht, natürlich nicht, wäre zu viel verlangt. Man könnte ja auch sagen, wenn wir kein Fleisch essen würden, würden ja diese Tiere gar nicht auf die Welt kommen und somit gar kein Leben besitzen.

Wie sehr vieles im Leben gibt es immer mehrere Betrachtungsweisen. Ich meine, es ist um vieles besser, die Haustiere, die Wildtiere nicht mehr zu töten, als auf die Mücke, die uns immer wieder stechen möchte zu achten. Meine ich, dass man eine Zecke nicht töten darf, die uns gebissen hat? Nein, aber wie gesagt, es ist besser einen Teil zu verbessern, als alles zu verschlechtern. Verstehen Sie mich?

Tiere besitzen viele Sinne, die wir nicht kennen. Und genau weil wir diese Sinne nicht kennen, geschweige denn selber besitzen, verstehen wir es nicht. Stellen Sie sich vor, Tiere könnten mit uns sprechen, was glauben Sie, was würden wir zu hören bekommen. Meinen Sie, die Tiere würden uns loben? Ich denke, die Frage darf erlaubt sein, was wir für ein Bild in der Tierwelt haben. Global gesehen müsste man eigentlich sagen, **dass die Menschen Parasiten sind und nicht auf diese Welt gehören**, denn alles, was wir tun ist, wir töten die Welt. Ob Umwelt, ob Tiere, oder im Endeffekt uns selber. Lösen können wir das Problem nicht, **dafür fehlt einiges an Wille, Verständnis und sicher auch Intelligenz.**

Mir ist halt einfach nicht klar, was uns Menschen zu besseren Lebewesen macht. Was sind wir, dass wir uns die Rechte nehmen, Tiere zu töten, ohne bestraft zu werden. Wer gibt uns das Recht? Wer gibt uns das Recht, Tiere zu misshandeln? Und dann oft grad die Tiere, die uns treu sind. Gottes Geschöpfe misshandeln wir, wieso lässt Gott das zu?

Es ist mir klar, dass es immer Leute gibt, die

dazu eine Erklärung haben, sind wir wieder bei verschiedenen Sichtweisen. Beweisen kann es niemand, aber für das Gegenteil besteht auch kein Beweis. Es ist mir halt einfach nicht klar, warum so viel Leid von Menschen verursacht wird, aber niemand tut was dagegen. **Es interessiert keine Sau.** Die Tierschutzvereine möchten mich bitte entschuldigen, aber es geht mir nicht weit genug. Ein bisschen Theater hier und da, damit ist es nicht gemacht. Die Richtung stimmt aber.

Es soll mir einfach einer sagen, was daran falsch ist, Tiere so zu behandeln wie wir es unter Menschen wünschen. Der Unterschied zwischen einem Menschenleben und einem Tierleben sehe ich halt nicht so, wie andere Leute. Warum darf man Robben abschlachten, aber keine Menschen? Natürlich will ich nicht, dass Menschen abgeschlachtet werden, mir geht es darum, dass auch Tiere nicht abgeschlachtet werden sollen. Was macht uns wertvoller? Wir töten die Erde, genau, das wird unser Vorteil sein. Wir sind intelligenter, genau, auch ein Vorteil. Wir sind halt bessere Lebewesen. Daher haben wir das Recht, Tiere zu töten.

Ganz ehrlich, wenn Sie so denken, dann haben Sie einiges nicht verstanden.

2 Umgang untereinander

Ich glaube, zu diesem Thema könnte jeder etwas beitragen. Nachbarschaftsstreit, Mobbing bei der Arbeit, Streit in der Partnerschaft. Aufregung auf der Autobahn.

Es ist leicht zu streiten, auch hier ist der Umgang untereinander nicht wirklich vorzeigefähig. Umso näher sich Menschen sind, desto mehr können sie sich verletzen **und das mit voller Absicht**. Geliebte Menschen im vollen Wissen zu verletzen ist wirklich keine grosse Leistung und zeugt auch nicht vom riesen Verstand der Menschen.

Man hört immer so viel über Streitigkeiten, ja, auch von Kriegen oder Anschlägen, es hat immer und immer nur mit Unverständnis zu tun. Die Dummheit der Gesellschaft löst dies aus. **Wir sind leider zu dumm, um miteinander umgehen zu können, aber zu intelligent um noch in Höhlen zu wohnen.** Leider wird dies in Zukunft nicht besser, die Darwinsche Evolutionstheorie wird bei uns Menschen nicht funktionieren, beziehungsweise nicht mehr. Wahrscheinlich hat sie mal funktioniert. So lange wir nicht fähig sind, durch die Augen der Anderen zu sehen, können wir nicht miteinander umgehen.

Nachbarn streiten sich, weil vielleicht der Eine zu viel Lärm macht, oder ein Hobby hat, welches dem Anderen nicht passt. Man hat dann nur das Ziel, das eigene Interesse durchzuboxen. Ja, der macht zu viel Lärm, passt mir nicht. Es ist so schade, dass man nicht redet, sich nicht aussprechen kann, sich überhaupt nicht versteht, versucht, sich zu verstehen. Nein, nicht mal der Versuch sich zu verstehen.

Das Problem ist halt oft das gleiche. Man hat keine Zeit, darüber nachzudenken, was man antwortet. Eine schnelle Antwort ist allerdings in einer Diskussion ein Muss. Aber es kommt trotzdem nicht gut. Man sollte wirklich zuerst ein paar Sekunden nachdenken dürfen, bevor man eine Antwort gibt. Kriege werden auch generalstabsmässig geplant. **Wäre eine Diskussion nicht ehrlicher, wenn man Zeit hat, die Antwort zu überdenken?** Wäre es nicht sinnvoller, sich bei einem Streit zurückzuziehen, um herunterzukommen?

Sehen Sie sich mal um, wenn Sie Autofahren. Sie sehen nur gestresste Gesichter, jeder ist sich selber am Nächsten. Es wird Gedrängelt, man wird mit der Lichthupe genötigt, Platz zu machen. Alles das sind egoistische Gedanken. Sicher, meistens sind das Männer, aber für dieses Thema habe ich ein eigenes Kapitel in diesem Buch (siehe Kapitel „Umgang Männer und Frauen").

Menschen sind Egoisten und Lügner. Es gibt Studien, wonach der Durchschnittsmensch 24-mal pro Tag lügt. Häufigste Lüge ist "Guten Morgen" zu sagen. Man sagt das einfach, ohne es so zu meinen. Ist ja nichts schlimmes, ist anständig. Mache ich ja auch so. Aber es gibt auch böse Lügen. Davon können wir sicher auch alle ein Lied schreiben und dichten und vielleicht sogar auch singen.

Es ist sehr schade, dass wir Menschen keine Gedanken lesen können, **denn wir denken ehrlicher als wir reden**. Das, was der Mensch denkt, wenn er alleine im Bett liegt und das Licht aus ist, das wird sehr wahrscheinlich das Ehrlichste sein, aber ausgesprochen wird es selten, kann ja niemand überprüfen.

Wir versuchen, uns gegenseitig fertigzumachen, uns gegenseitig zu verletzen, unsere Schwächen werden gesucht und gegen uns verwendet. Wir verlangen von Anderen Dinge, die wir selber nicht können.

Beim Fussballspiel verlangen wir von unserer Lieblingsmannschaft 100 Prozent, aber wenn wir am Arbeiten sind, dann reichen 80 Prozent. Niemand arbeitet 100 Prozent, das ist einfach so, jeder geht mal aufs Klo, oder macht ein kleines Päuschen, oder tratscht mit Kollegen oder Kolleginnen. Aber der Fussballer darf keinen Fehler machen, muss schneller laufen, muss den Ball ins Tor treffen. Von den Politikern erwarten wir Lösungen, die wir selber nicht haben, von den Bank-Managern erwarten wir, dass sie weniger verdienen, aber wir selber wollen auch immer mehr Lohn. Es wird gestreikt, wenn der Lohn nicht steigt, aber niemals Danke gesagt, wenn der Lohn kommt. Es ist immer das Selbe. Bei Anderen sehen wir die Fehler, aber die Eigenen sind ja so weit entfernt davon. Sagen Sie mir Ihre Meinung, was Sie davon halten, wie Sie es sehen, empfinden.

Gewerkschaften kämpfen gegen Unternehmungen, Mann kämpft gegen Frau, Islam kämpft gegen Christ, Lehrer gegen Schüler und alles natürlich auch in der anderen Reihenfolge. Eigentlich fast alle gegen alle. **Ein respektvolles Miteinander ist nicht möglich, könnte es nicht sein, dass dies so ist, weil wir zu dumm sind?** Sich zu verstehen wäre nicht schwer, jeder hat eigene Interessen, aber wir sind zu viele auf der Erde und müssen miteinander klarkommen.

Man stelle sich eine Zivilisation vor, in welcher die Bewohner über einen IQ von 1'000'000 verfügen. Was wäre da möglich? Voll die Harmonie? Ich denke, es gäbe geometrische drei dimensionale Formen, die die Unendlichkeit erklären, es gäbe keinen Streit, ein Perpetuum mobile (eine sich selbst mit Energie versorgende Konstruktion) ist denkbar, man versteht plötzlich das Universum, keine doofen Theorien, die auf und nur auf Indizien beruhen. Was meinen Sie? Was wäre dann alles möglich? Gäbe es noch Streit? Die Hoffnung ist ja folgende: Falls es Zivilisationen in fernen Welten gibt, die zu uns kommen könnten, müssten diese ja über mehr Intelligenz verfügen und somit erhöht sich ja der Wunsch, dass diese nicht feindlich bei uns aufkreuzen.

Ich glaube nicht, dass mit gesteigerter Intelligenz auch die Feindseeligkeit zunimmt. Aber der Mensch ist halt oft nicht intelligent genug, um weiter zu sehen als bis zur eigenen Nase. Sehe ich mich als Phantast? Als Heilsbringer? Als Besserwisser? Als zukunftsorientlierter wie viele? Als Seher? Als Visionär? **Ich wiederhole mich, aber ich sehe mich oft einfach anders und meine Ansichten sind sicher nicht verkehrt.**

Leben ist ohne Wasser nicht möglich, hey, warum nur behaupten Wissenschaftler solche Sachen? Es mag vielleicht bei uns so sein, aber über andere Welten zu entscheiden ist wahrscheinlich nicht das intelligenteste Denken. Wir gehen immer davon aus, dass alles so wie hier ist, genau so erkennen wir nicht, dass Menschen nicht alle gleich denken und funktionieren. Sicher machen Menschen unbewusst vielleicht das gleiche, wir lachen wenn wir etwas lustig finden, wir empfinden Schmerzen, wenn wir uns verletzen, aber unsere Denkweise ist sehr unterschiedlich. Aber ist es wirklich so verdammt schwer, zu versuchen zu erkennen, wie unsere Freunde, unsere Ehepartner, unsere Mitmenschen die Welt sehen? Was für eine Welt wäre das, wenn wir mehr Respekt, mehr Verständnis, mehr Rücksicht entgegenbringen?

Man stelle sich vor, es gäbe Völker, die im Überfluss leben, Reichtum besitzen, alles haben, was sie zum Leben brauchen, ja, mehr als das. Aber nebenan verrecken Kinder, weil sie nicht mal etwas zu trinken haben. Viele Kinder müssen sterben, weil es uns nicht interessiert, ja, sollen doch die Anderen was machen, die die Geld haben. Wir bekommen nicht mal das hin, die Tiere interessieren uns kein Millimeter, an die Kinder denken wir ab und zu, wenn wir Werbung für gemeinnützige Institutionen sehen, aber ist auch gleich wieder vergessen. In vielen, sehr vielen Ländern wird das Dusch-, Bad-, Toilettenwasser mit Trinkwasser betrieben, nicht, weil es kein anderes Wasser gibt, nein, **es wäre zu teuer, eine zweite Wasserleitung zu installieren.** Aber Kinder verdursten ein paar Kilometer weiter südlich.

Wie würden wir das alles einem Ausserirdischen erklären, der uns besuchen kommt und fragt, wie wir so leben? Was würden Sie sagen? Wie könnten Sie das rechtfertigen? Der würde denken, die haben doch voll ne Meise. Wir behandeln Unsergleichen wie Abschaum, wie Dreck, Tiere werden misshandelt. Ein Fremder würde das nicht verstehen. Ich finde es interessant, je mehr Kultur eine Rasse hat, desto ärmer werden die Zusammengehörigkeitsgefühle. Bürger eines reichen Landes kennen keine richtigen Freundschaften mehr, kennen keine Familienfeste mehr, je ärmer ein Land, desto mehr zählt die Familie. Ich weiss nicht, wie die Welt aussehen würde, wenn wir uns alle gegenseitig respektieren würden, aber so viel schlechter kann es doch wirklich nicht sein.

Meinen Sie, Gott würde das alles zulassen?

Es ist relativ einfach, da diese Welt ist, so wie sie ist, kann es Gott nicht geben, denn er würde etwas ändern. Es liegt mir fern, Blasphemie zu verbreiten, ich bin froh, wenn es einen Beweis dafür gäbe, dass Gott existiert. Der Glauben ist für viele Menschen ein Begleiter in schlechten Zeiten. Und das ist auch gut so. Gott hilft uns in vielen Phasen im Leben, gibt uns Halt und Mut. Aber niemand hat ihn je gesehen, niemand hat je seine Handlung erlebt, ich jedenfalls hab noch nie ne Antwort bekommen. Sie vielleicht? Wenn Sie Stimmen hören, dann kann das auch andere Gründe haben.

Wie erklären Sie sich die Existenz von Paparazzi? Von Fotojägern, die nur auf das eigene Wohl schauen, Geld verdienen möchten auf dem Buckel von Menschen, die fühlen wie wir? Promis werden gejagt, egal, was die dabei fühlen, Hauptsache, es wird ein gutes Foto. Stellen Sie sich mal das Leben einer Britney Spears vor. Jeder Fusstritt wird gefilmt, keine Privatsphäre mehr, nie mehr richtig alleine, alles steht sofort in der Zeitung oder im Internet, jeder Mensch verfolgt das Leben dieser armen und wundervollen Frau. Wie soll sie sich denn entwickeln? Kein Wunder also, dass sie doch ein paar Probleme mehr hat als andere. Ich würde mir so wünschen, dass Menschen anfangen zu verstehen, dass das nicht würdig ist.

Wir legen in Innenstädten den Verkehr lahm, in dem wir auf ehemaligen Parkplätzen Felsbrocken legen, nur damit nicht mehr geparkt werden kann, überall strafen wir uns selber mit Gesetzen, mit Vorschriften, wir nehmen uns die Freiheit selber weg. Es ist soweit, dass unter der Lupe jeder verhaftet werden könnte.

Die Gerechtigkeit bleibt dabei auf der Strecke. Ist es gerecht, dass eine 80 jährige Frau gleich schnell auf der Autobahn fahren darf wie Michael Schumacher? Was ist der Grund für die Geschwindigkeitsbeschränkung auf der Autobahn? Es wird ja sicherlich die erhöhte Gefahr sein, aber hat Michael Schumacher nicht vielleicht die bessere Reaktionszeit? Somit dürfte er schneller fahren dürfen als Andere. Es spielt keine Rolle, ob hier eine 80 jährige Frau als Beispiel herhalten muss oder ich oder Sie, gegen den „Schumi" haben die meisten ja nicht grad wirklich eine Chance in diesem Vergleich.

Ist es gerecht, dass Menschen, die mehr verdienen, prozentual mehr Steuern bezahlen müssen als Menschen mit weniger Einkommen? Warum müssen Leute, welche sich weiterbilden, welche wahrscheinlich nicht jeden Tag um 17 Uhr zuhause sind, welche sicher mehr als 35 Stunden die Woche arbeiten, dafür bestraft werden und somit prozentual mehr Steuern bezahlen? Was ist jetzt gerechter? Natürlich bleibt immer noch mehr übrig am Ende des Monats, aber die Frage bleibt die Selbe. Es ist doch wirklich wie eine Bestrafung. Natürlich, es ist sozialer, aber auch gerechter? Aber ist die Frage nach sozialem Denken vorrangig?

Wir sprechen sehr selten das aus, was wir denken, eher wird geheuchelt, es wird oft bedacht eine Aussage getätigt. In der Politik ist das oft zu bemerken, man muss diplomatisch antworten, man muss bedacht sein, was man sagt, es wird sonst grad immer gegen einen angewendet. In der Politik wird selten das gesagt, was man denkt. Das finde ich irgendwie schade. Die Politik ist ja für das Volk, daher sollte auch im Sinne des Volkes miteinander diskutiert werden. Es muss wirklich nicht vulgär sein, aber ehrlicher dürfte es schon werden. Ich schätze Politiker sehr, sie müssen oft unpopuläre Entscheide treffen, müssen Länder regieren, aber oft wird im Partei-kampf mit Mitteln gekämpft, die nicht gerecht sind. Man kann gleiche Standpunkte auch verschieden rechtfertigen, das ist dann eben die Kunst des gesprochenen Wortes. **Aber es ist nicht die Kunst des**

ehrlichen Wortes!

Wir suchen bei anderen Menschen sehr gerne Fehler, Eigenschaften, die wir als schlecht empfinden. Wir legen uns die Wahrheit gerne zurecht und argumentieren dann gegen das vermeidlich schlechte. Wir mögen es, Fehler zu entdecken, wir lachen doch alle, wenn sich ein Tagesschau-Moderator verspricht. Aber sagen wir jemals, hey, der Typ das das gut gemacht, souveräne Moderation. Nein, ist ja nicht lustig, wir spielen gerne den Richter, sehen Schlechtes, erkennen aber das Gute nicht. Eigene Fehler zu erkennen ist nicht schwer, aber diese zuzugeben schon.

Die Welt ist abartig, der Mensch ist krank und dumm. Es gibt vereinzelte, die einen hohen IQ haben, aber vom Leben wiederum keine Ahnung haben. Was macht uns also zu einem besseren Menschen? IQ alleine sicherlich nicht, denn wahrscheinlich hat auch die Intelligenz nicht viel damit zu tun, mehr zu sehen als Andere. Eine gute Seele? Das ist sicher hilfreicher dabei. Verständnis? Einfühlungsvermögen? So genannte empathische Fähigkeiten. Beantworten Sie diese Frage bitte selber. Es gibt sicherlich kein Patentrezept dafür.

Oft reden die Menschen untereinander auch etwas komisch, **Fremdwörter werden verwendet, im Wissen, dass die Möglichkeit besteht, dass unser Gegenüber dies nicht versteht**. Aber genau das möchten wir doch, wir möchten doch in dieser Situation nicht verstanden werden, denn es heisst ja, dass ich mehr weiss, gebildeter bin. Finden Sie das nicht auch etwas ungewöhnlich? Es beweist halt einmal mehr, dass wir uns gar nicht verstehen wollen. Es ist kein Nutzen dabei. Und Profit wirft es auch keinen ab. Der eigene Vorteil ist halt immer ein guter Vorteil. Leider nur kommen wir so nicht weiter. Wie schön wäre das Leben, wenn wir füreinander da wären, wenn wir bereit wären, für andere Menschen etwas Gutes zu tun.

Ich möchte Ihnen nochmals etwas erzählen. Wir alle kennen die Quiz-Show "Wer wird Millionär". Was denken Sie, wenn Sie merken, dass bei der Show auf dem Kandidatenstuhl jemand sitzt, der genug Geld hat? Gerecht? Sozial? Es gibt wie fast immer eigentlich verschiedene Blickwinkel. Es ist sicher gerecht auf die eine oder andere Weise. Aber sozial ist es eben nicht. Ich habe mal eine Mail an die verant-wortlichen Mitarbeiter des TV Kanals geschickt, darin habe ich gefragt, ob es nicht möglich ist, eine und nur mal eine Show zu machen, in welcher alle Kandidaten überschuldet oder obdachlos sind. Einfach nur, um mal den Menschen zu helfen, die es im Leben nicht immer einfach hatten. Ich habe bis heute keine Antwort erhalten.

Wäre denn das so schlimm? Wäre es so schlimm, mal den Armen zu helfen? Haben die TV-Macher Angst, dass die Einschaltquote sinkt? Das wäre ja voll krank. Finden Sie das nicht auch etwas nonkonform? Müssen wir denn immer die Augen verschliessen? Es gibt auch Beispiele dafür, dass die Menschen anderen Menschen helfen. Das macht ja auch Mut. Aber die Ungerechtigkeit ist halt immer noch viel grösser als die Gerechtigkeit. Bitte erkläre mir jemand, warum Gott nichts dagegen tun. Gott existiert nicht.

Dass wir Menschen eher auf das eigene Wohl schauen, macht sich sehr gross bemerkbar, wenn wir über die Raucher sprechen. Ich rauche selber, weiss schon, von was ich rede (oder in diesem Fall schreibe). Wie viele Raucher sind genervt, weil sie in dem Restaurant nicht mehr Rauchen dürfen? Aber der Gedanke, dass die Angestellten darunter leiden und zwar gesundheitlich leiden, das ist egal, Hauptsache, ich bekomme keine Umstände. Ob die Kellnerin mal Krebs bekommt, das spielt keine Rolle. Raucher sind oft Egoisten. Kein Verständnis für die Nichtraucher. Wir rauchen in Gegenwart von Kindern, das alleine spricht für sich. Falls Sie Raucher sind, denken Sie bitte darüber nach.

Auch sieht man sehr gut, wie wir miteinander umgehen, wenn wir über Selbstmorde oder Krankheiten sprechen. Ich kann sehr gut nachvollziehen, dass es Menschen gibt, die sich über das Leben Gedanken machen. Man muss einfach sehen, warum es dazu kommt. Immer wieder dazu kommt. Es ist oft das Gleiche, im Nachhinein heisst es immer, hättet ihr doch mit uns geredet, aber wenn man an Selbstmord denkt, möchte man verstanden werden, **geholfen wird aber sehr selten**. Um Umfeld muss man das einfach zu erkennen versuchen, es muss mehr für Familien-angehörige und Freunde gemacht werden. Es reicht nicht, zu sagen, dass man da ist, man muss Initiative ergreifen. Oft können wir nicht erkennen, wie schlimm eine Lebenslage wirklich ist. Aber ist es wirklich zu viel verlangt, aufeinander einzugehen?

Viele Menschen sind psychisch krank. Depression, Angstzustände, Borderline, Schizophrenie, Paranoia; die Liste ist sehr lang. Genau diese Menschen, die an solchen Krankheiten leiden, fühlen sich leer, einsam, unverstanden, hilflos. Aber viele davon lassen wir alleine, erst, wenn es zu spät ist, fangen wir an zu reagieren. **Viele Menschen sterben, weil die Anderen sich nicht um sie kümmern.** Wenn man zuhause sitzt und keinen Ausweg sieht, da geht man nicht raus und schreit um Hilfe, man macht das nur innerlich. Warum können wir uns nicht gegenseitig unterstützen?

Warum können Menschen nicht anderen Menschen helfen? Wie viel Elend herrscht in unserer Welt? Warum nehmen wir keine Rücksicht? Ist das wirklich alles nur wegen fehlendem Profit? Oder weil wir es nicht erkennen können? Warum hilft Gott diesen Menschen nicht, die sich so schlecht fühlen, dass sie sich das Leben nehmen möchten? Menschen sterben, weil ihnen niemand hilft, niemand beisteht, weil sie nicht verstanden werden, das darf doch nicht sein. Es hat niemand verdient, ein schlechtes Leben zu leben. Ganz ehrlich, es macht mich traurig, wie wir miteinander umgehen, aber ich habe auch die Angst, dass sich das nicht ändern wird, dazu fehlt dem Menschen einfach zu viel.

Jede Sekunde sterben Menschen und Kinder, weil es nichts zum Essen hat. Denken Sie bitte an diese Menschen, helfen Sie den Politikern, auf den richtigen Weg zu kommen, Länder können anderen Ländern helfen. Es bräuchte so wenig, aber dennoch passiert nichts. Es muss doch auch für Sie traurig sein, dies zu wissen, dies zu erleben, aber nichts wird getan. Wir haben Geld für schöne Feuerwerke an Feiertagen, wir haben Geld für das Klima, wir haben Geld für teuren Schmuck, wir haben Geld für schnelle Autos, wir haben für alles Geld, ausser für andere Menschen. Gott würde es sicher freuen, aber es scheint klar, Gott existiert nicht.

Finden Sie das vielleicht lächerlich (ich habe beim Schreiben oft die Vorstellung, dass es eh niemanden interessiert, wenn man einen Blick aus dem Fenster wirft, wird einem doch bewusst, dass es niemanden kümmert oder dass das, was ich schreibe, vielleicht als lächerlich angesehen wird)? Finden Sie es nicht der Rede wert, wie Menschen mit Menschen umgehen? Das wiederum fände ich ein wenig traurig. Es ist doch wirklich katastrophal, was alles passiert. Ist deswegen alles gleich schlecht, ist alles immer traurig? Nein, mit Sicherheit ist dem nicht so. Aber dennoch ist vieles überhaupt nicht gut, meine Ansichten diesbezüglich werden sich auch nicht so schnell ändern.

In verschiedenen Medien wird oft davon gesprochen, was wir anrichten. Klimakatastrophe, Naturereignisse, Hungersnot, Krankheiten, Epidemien, Wasserverschmutzungen, Tankerunglücke und so weiter, alles wird dem Profit untergeordnet. Nun bitte erklären Sie mir, was das mit gesundem Menschenverstand zu tun hat. Wenn wir sagen: „Das ist menschlich", ist das dann ein Vorteil? **Ist Menschlichkeit nicht eher bemitleidenswert?** Helfen Sie mir und schreiben Sie mir, was Sie darüber denken.

3 Umgang Männer mit Frauen

Auch über dieses Thema könnten viele ein Buch schreiben, ich tue es halt auch.

In vielen Völkern wird die Frau wie ein Tier behandelt, **respektlos**, ohne dass sie etwas zu melden haben. Männer dürfen mehrere Frauen haben, aber die Frau gehört dem Mann. Meinen Sie wirklich, dass dies im Sinne eines Schöpfers ist? Gott erschafft die Frau und sagt "Baby, du bist mal grad gar nichts wert, du musst dich in den Dienst des Mannes stellen" dann kommt der Mann, Gott sagt: "Genau, du bist der Beste, misshandle die Frauen, und denk daran, immer ohne Rücksicht auf Verlust". **Warum sollte sich die Frau in den Dienst des Mannes stellen?** Was hat der Mann, was die Frau nicht hat? Naja, sicher hat es ein paar Unterschiede, meistens zu kleine :-). Im Ernst, es kann nicht sein, dass dies die Wahrheit ist. Nur, weil der Mann der physisch Stärkere ist, passiert dies so. **Gott existiert nicht, denn er würde es nicht**

zulassen, dass Männer die Oberhand haben und Frauen nichts wert sind.

Lassen Sie uns ein paar Beispiele machen. Was meinen Sie, wer fährt hinter Ihnen auf der Autobahn und drängelt, nötigt, hupt. Mann oder Frau? Wer führt Kriege? Mann oder Frau? Wer misshandelt wen? Männer die Frauen oder Frauen die Männer. Was meinen Sie, prozentual gesehen, hat es in den Gefängnissen mehr Männer oder mehr Frauen? Es sei erlaubt hier zu erwähnen, dass dies natürlich nicht generell zutrifft, aber die Mehrheit siegt. Es gibt zig Beispiele, fragen Sie sich doch bitte selber.

Vor vielen Jahren gab es bei den Männern keine Gefühle, man durfte die nicht zeigen, denn das war ja Frauensache. Wie krank ist denn das? Da Männer vieles mit der physischen Kraft regeln können, sind Männer den Frauen überlegen. Wenn es uns nicht passt, wird es oft mit der Gewalt ins Reine gebracht. Frauen haben so viel mehr als wir Männer. Einfühlungsvermögen, soziales Verhalten. Frauen können auch komisch sein, keine Frage, aber meinen Sie, es gäbe Kriege, wenn Frauen die Welt regieren würden? Männer haben sicher auch gute Eigenschaften. Männer regieren die Welt, Männer sind gute Erfinder, Forscher. Aber die Frauen haben die Gefühle, Frauen weisen uns den Weg. Aber ich sehe oft, dass die Frauen nicht so behandelt werden, wie sie es verdienen.

Es kann nicht sein, dass wir uns untereinander nicht verstehen. Wir müssen einfach sehen, dass Frauen nicht denselben Lohn bei gleicher Arbeit bekommen, **Frauen durften bis vor 30 Jahren in der Schweiz nicht wählen**, das ist Fakt. Dieser Mist kann doch nur von Männern erfunden werden, fragen Sie sich bitte selber mal, was daran richtig ist. Ich glaube, es ist nicht viel davon richtig, oder was meinen Sie? Wir müssen doch wirklich mal ein bisschen erwachsen werden und uns Männer nicht immer höher heben, als da, wo wir wirklich stehen. Ich als Mann sehe einfach, dass Frauen die besseren Menschen sind. Es kann nicht richtig sein, dass physische Kraft höher eingestuft wird als Gefühle zu zeigen, Sozialverhalten zu besitzen. Frauen behandeln Männer viel eher mit Respekt als umgekehrt.

In der Liebe (ein Thema, welches wir alle kennen) passiert so viel Schlechtes. Wir gehen Beziehungen ein, aufgrund von Unverständnis klappt es oft nicht. Da aber Einfühlungsvermögen relativ wichtig ist und es meistens den weiblichen Geschöpfen vorbehalten ist, wird es schwierig, eine Partnerschaft eingehen zu können, ohne zu grosse, einseitige Kompromisse einzugehen. Wie oft hört man von häuslicher Gewalt. Wie oft sieht man in den Nachrichten, dass Gewalt zum Usus geworden ist. Familien werden zerstört (es sind nicht immer die Männer schuld, sicher nicht, aber wahrscheinlich sind die Männer doch in der Mehrheit). Warum ist es nicht möglich, verstanden zu werden. Verstehen, ohne Worte zu brauchen, fähig sein, durch die Augen vertrauter Personen zu sehen. Zu viel verlangt? Ja, anscheinend und wahrscheinlich. Es geht aber auch anders. Ich möchte Ihnen ein Beispiel machen. Als ich vor ein paar Jahren im Militär war, gingen wir an einem Abend in den Ausgang etwas trinken. Wir waren an einem sehr abgelegenen Ort. Zufälligerweise fand eine Art Dorf- und Tanzfest statt. Ein paar Leute waren da, tranken etwas oder waren am Tanzen. Da erblickte ich ein Paar, beide um die 80 Jahre alt. Es lief ein langsames Lied, deshalb tanzten die Beiden auch geschlossen. Ich sah, wie sie sich ansahen, die beiden sahen sich so an, als wären sie den ersten Tag verliebt, sie sahen sich tief, sehr tief in die Augen und hielten sich ganz fest beim Tanzen. Beim Mann sah ich, wie seine Augen feucht wurden. Wissen Sie, ich kann Ihnen nicht erklären, wie ich mich dabei fühlte, es war für mich so unglaublich schön zu sehen, wie man Lieben kann. Auch nach geschätzten 60 Jahren verheiratet sein immer noch zu Lieben wie am ersten Tag, das ist eben wahre und echte Liebe. Dies ist wirklich passiert, keine Geschichte, nichts erfunden. Warum kann es nicht öfters so sein. Liegt es an uns selber?

Es gibt in unserer Welt Zwangsheirat, Genitalverstümmelung, Vergewaltigung, Entmündigung, Psychostress. Aber die Leidtragenden sind immer die Frauen. Es kann nicht im Sinne Gottes sein, Frauen unter Zwang zu verheiraten, es kann nicht sein, dass Männer mehrere Frauen haben dürfen, aber die Frau muss monogam bleiben. Wer macht uns Männern so viel wertvoller? Es können doch nur wir Männer selber sein, daher frage ich mich, warum ändert sich hier nichts. Gott ändert nichts. Gott lässt die Frauen so oft leiden, lässt es zu, dass Frauen misshandelt werden, lässt es zu, dass Frauen kein freies Leben leben können. Warum? Was meinen Sie? Haben Sie die Erklärung? Ich habe eine. Gott existiert nicht.

4   Hoffnung

Auch Hoffnung gibt es im Leben. Immer wieder höre oder lese ich Berichte, die mich hoffen lassen. Gerade vor ein paar Monaten wurde ein Beitrag im Fernsehen gesendet, worin eine acht jährige Jemenitin gegen Ihre Peiniger vorgegangen ist. Sie wurde mit acht Jahren zwangsverheiratet (das kann doch wirklich nicht im Sinne Gottes sein). Mit acht Jahren. Ihr Name ist Nujud Nasr (gehen Sie doch mal „googeln", **das Mädchen ist sicher nicht böse, wenn Sie in Gedanken bei Ihr sind**). Sie verklagte Ihre Eltern und Ihren Ehemann, machte alles der Öffentlichkeit bekannt. Es ist schlimm, dass dies passieren muss, aber es ist wiederum gut, dass die Menschen sehen, was wirklich alles passiert.

Männer finden das vielleicht cool, eine acht jährige zu misshandeln. Anscheinend gibt es Männer, die sehr viel dafür bezahlen, ein so junges Mädchen zu bekommen und dann zum Sexsklaven zu machen. Meinen Sie,

dass diese Mädchen Spass daran haben?
Dass es diesen armen Kindern wohl dabei
ist? Mir geht es nicht darum, ob etwas legal
ist oder nicht, es ist mir so was von egal. Es
geht darum, ob es Richtig oder Falsch ist.
Sagen Sie mir, warum solche Dinge
passieren, warum machen wir uns keine
Gedanken über das Wohl Anderer.

Es gibt zum Glück immer mehr Institutionen,
welche über Ungerechtigkeiten informieren,
etwas dagegen tun und sich mit der Materie
beschäftigen. Amnesty International,
Greenpeace, WWF sind nur einige wenige
Beispiele, leider ist es noch lange nicht
genug. Falls Sie eine solche Institution
haben, lassen Sie es mich wissen, ich würde
liebend gerne helfen. Sie können dieses
Buch auch als Bewerbung auffassen.

Ich freue mich oft über Kleinigkeiten, wenn
ich sehe, dass ich nicht ganz alleine dastehe
mit dem was ich schreibe oder denke. Doch
leider passiert es zuwenig. Ich weiss, ich
wiederhole mich, aber darf das in diesem
Fall nicht doch erlaubt sein? **Schreiben Sie
mir doch, was Sie davon halten, was**

Ihnen Hoffung macht, was Sie belastet, wie Sie etwas ändern würden.

5 Glaube

Ganz ehrlich, ich möchte doch glauben, dass Gott, unser Herr, existiert, ich höre zum Beispiel sehr gerne so genannten „White Metal" wie Stryper oder White Lion, ich mag Gospel und ich liebe Musik im Allgemeinen.

Es ist schön zu wissen, dass es solche Musik gibt, dass es Menschen gibt, die an das Gute glauben. Wie sähe die Welt ohne den Glauben aus? Leider aber gibt es Kulturen, die irgendetwas falsch zu verstehen scheinen. Es wird oft von Extremismus gesprochen, momentan ist oft die Rede vom extremen Islam, wir erinnern uns oft an den elften September, „nine eleven," was hat das mit dem Glauben zu tun? Wahrscheinlich liegt es daran, dass wir nicht in dieser Kultur aufgewachsen sind, **dennoch ist es doch zu verurteilen, wie da gegenseitig miteinander umgegangen wird**. Kriege und Rachekriege werden geführt, weil niemand niemanden versteht. So passieren halt Missverständnisse und Hass. **Sollten**

wir doch alle an den selben Gott glauben, scheinen es jedoch ganz unterschiedliche Götter zu sein, dennoch passiert nichts.

Haben Sie vielleicht schon mal Gott gesehen? Gesprochen haben, so denke ich mal, alle schon, oder zumindest die Meisten, mit ihm. Aber eine berechtigte Existenz wurde nie nachge-wiesen. Ist vielleicht auch nicht nötig, denken Sie jetzt. Vielleicht, aber im Wort vielleicht sind eben zwei Antworten versteckt.

Hören Sie nie auf zu Glauben, hören Sie nicht auf, an das Gute zu glauben, vielleicht ist für Sie Gott da, für mich ist er es nicht, warum sollte ich dann noch länger am Glauben festhalten?

Meinungen gibt es viele, aber es ist leider so, wer meint, der weiss nicht, daher gibt es auch Meinungen, was aber nicht auf fundiertem Wissen beruht, deshalb sind es eben Meinungen. Aber zu wissen ist besser als meinen.

Am Besten ist und bleibt halt verstehen, denn zu verstehen ist die Steigerung von Wissen.

6 Verzweiflung

Wie verzweifelt muss ich sein, wie depressiv macht mich diese Welt. Warum können wir nicht alle gemeinsam etwas tun, damit sich einiges ändert. Gewaltig müssen wir allesamt anpacken. Es kann nicht sein, es darf nicht sein, dass wir alles kaputt machen.

Wir reden so oft von unseren Kindern, von der nächsten Generation, welche alles von uns Angerichtete erbt. Wollen Sie, dass Ihre Kinder diese Welt erben? Alles, was wir zerstören, aber nicht erkennen? Denken Sie darüber nach? Ich weiss sehr genau, dass viele Menschen nicht weiterdenken können, nicht in die Zukunft schauen können, keine Visionen haben, ich merke das leider jeden Tag. Vielleicht können Sie nachvollziehen, dass ich mich oft unverstanden fühle. Es ist ein einsames Gefühl.

Meinen Sie, dass es sein kann, dass wir Computer bauen, die über 3 Milliarden

Prozesse in der Sekunde machen, aber wir sind nicht fähig, dass alle Menschen zu Essen haben? Meinen Sie tatsächlich, dass wir zu Kometen fliegen und darauf landen, aber bringen es nicht fertig, auf unsere Mitmenschen zu achten? Glauben Sie nicht auch, dass es ein wenig komisch ist, wenn wir Tiere töten, aber Mörder verurteilen? Bitte halten Sie in Ihren Gedanken fest, dass die Tiere, die wir für Ihre Pelze töten, leiden müssen. Möchten Sie, dass Ihre Kinder so gefoltert werden? Wahrscheinlich nicht, also ändern Sie etwas. Hören Sie auf, wegzu-sehen, hören Sie auf, diese Dinge zu unter-stützen. Gott wird es leider nie ändern, denn Sie wissen ja bereits, was ich darüber denke, sie wissen, dass die Indizien für mich Bände sprechen.

Es hat Gründe, warum ich die Titel von den Kapiteln vier bis sechs in dieser Reihenfolge gewählt haben, kennen Sie diese Gründe? Senden Sie mir ne Mail, ich beantworte diese gerne. Leider bleibt mir aber zum Schluss nicht mehr so viel zu schreiben, ausser:

Für mich ist klar, Gott existiert nicht. Gott kann nicht existieren.

Schlusswort:

Ich bin für Ihre Meinungen dankbar, Sie erreichen mich unter ritch@ritchmaily.ch und es freut mich natürlich, wenn Sie dieses Buch weiterempfehlen. Es kann nicht falsch sein, sich über meine Worte Gedanken zu machen.

Ich bedanke mich für das Lesen meines Buches.

Es wird sicher bald ein zweites Buch geben, bleiben Sie bitte am Ball.

Notizen:

_____

_____

_____

_____

_____

_____

_____

_____

_____

_____

_____

_____

_____

_____

_____

_____

_____

_____

_____

_____

www.ritchmaily.ch